事业单位人事管理条例

中国法制出版社

事业单位人事管理条例
SHIYE DANWEI RENSHI GUANLI TIAOLI

经销/新华书店
印刷/保定市中画美凯印刷有限公司
开本/850×1168 毫米　32 开　　印张/0.5　字数/6 千
版次/2014 年 5 月第 1 版　　2024 年 9 月第 3 次印刷

中国法制出版社出版
书号 ISBN 978-7-5093-5228-1　　定价：3.00 元

北京市西城区西便门西里甲 16 号西便门办公区
邮政编码 100053　　传真：010-63141600
网址：http：//www.zgfzs.com　　编辑部电话：010-63141673
市场营销部电话：010-63141612　　印务部电话：010-63141606

（如有印装质量问题，请与本社印务部联系。）

中华人民共和国国务院令

第 652 号

《事业单位人事管理条例》已经2014年2月26日国务院第40次常务会议通过，现予公布，自2014年7月1日起施行。

总　理　李克强

2014 年 4 月 25 日

事业单位人事管理条例

第一章　总　　则

第一条　为了规范事业单位的人事管理，保障事业单位工作人员的合法权益，建设高素质的事业单位工作人员队伍，促进公共服务发展，制定本条例。

第二条　事业单位人事管理，坚持党管干部、党管人才原则，全面准确贯彻民主、公开、竞争、择优方针。

国家对事业单位工作人员实行分级分类管理。

第三条　中央事业单位人事综合管理部门负责全国事业单位人事综合管理工作。

县级以上地方各级事业单位人事综合管理部门负责本辖区事业单位人事综合管理工作。

事业单位主管部门具体负责所属事业单位人事管理工作。

第四条　事业单位应当建立健全人事管理制度。

事业单位制定或者修改人事管理制度，应当通过职工代表大会或者其他形式听取工作人员意见。

第二章　岗位设置

第五条　国家建立事业单位岗位管理制度，明确岗位类别和等级。

第六条　事业单位根据职责任务和工作需要，按照国家有关规定设置岗位。

岗位应当具有明确的名称、职责任务、工作标准和任职条件。

第七条　事业单位拟订岗位设置方案，应当报人事综合管理部门备案。

第三章　公开招聘和竞聘上岗

第八条　事业单位新聘用工作人员，应当面向社会公开招聘。但是，国家政策性安置、按照人事管理权限由上级任命、涉密岗位等人员除外。

第九条　事业单位公开招聘工作人员按照下列程序进行：

（一）制定公开招聘方案；

（二）公布招聘岗位、资格条件等招聘信息；

（三）审查应聘人员资格条件；

（四）考试、考察；

（五）体检；

（六）公示拟聘人员名单；

（七）订立聘用合同，办理聘用手续。

第十条 事业单位内部产生岗位人选，需要竞聘上岗的，按照下列程序进行：

（一）制定竞聘上岗方案；

（二）在本单位公布竞聘岗位、资格条件、聘期等信息；

（三）审查竞聘人员资格条件；

（四）考评；

（五）在本单位公示拟聘人员名单；

（六）办理聘任手续。

第十一条 事业单位工作人员可以按照国家有关规定进行交流。

第四章 聘用合同

第十二条 事业单位与工作人员订立的聘用合同，期限一般不低于3年。

第十三条 初次就业的工作人员与事业单位订立的聘用合同期限3年以上的，试用期为12个月。

第十四条 事业单位工作人员在本单位连续工作满10年且距法定退休年龄不足10年，提出订立聘用至退休的合同的，事业单位应当与其订立聘用至退休的合同。

第十五条 事业单位工作人员连续旷工超过15个工作日，或者1年内累计旷工超过30个工作日的，事业单位可以解除聘用合同。

第十六条 事业单位工作人员年度考核不合格且不同意调整工作岗位，或者连续两年年度考核不合格的，事业单位提前30日书面通知，可以解除聘用合同。

第十七条 事业单位工作人员提前30日书面通知事业单位，可以解除聘用合同。但是，双方对解除聘用合同另有约定的除外。

第十八条 事业单位工作人员受到开除处分的，解除聘用合同。

第十九条 自聘用合同依法解除、终止之日起，事业单位与被解除、终止聘用合同人员的人事关系终止。

第五章 考核和培训

第二十条 事业单位应当根据聘用合同规定的岗位职责任务，全面考核工作人员的表现，重点考核工作绩效。考核应当听取服务对象的意见和评价。

第二十一条 考核分为平时考核、年度考核和聘期考核。

年度考核的结果可以分为优秀、合格、基本合格和不合格等档次，聘期考核的结果可以分为合格和不合格等档次。

第二十二条 考核结果作为调整事业单位工作人员岗位、工资以及续订聘用合同的依据。

第二十三条 事业单位应当根据不同岗位的要求，编制工作人员培训计划，对工作人员进行分级分类培训。

工作人员应当按照所在单位的要求，参加岗前培训、在岗培训、转岗培训和为完成特定任务的专项培训。

第二十四条 培训经费按照国家有关规定列支。

第六章 奖励和处分

第二十五条 事业单位工作人员或者集体有下列情形之一的，给予奖励：

（一）长期服务基层，爱岗敬业，表现突出的；

（二）在执行国家重要任务、应对重大突发事件中表现突出的；

（三）在工作中有重大发明创造、技术革新的；

（四）在培养人才、传播先进文化中作出突出贡献的；

（五）有其他突出贡献的。

第二十六条 奖励坚持精神奖励与物质奖励相结合、以精神奖励为主的原则。

第二十七条　奖励分为嘉奖、记功、记大功、授予荣誉称号。

第二十八条　事业单位工作人员有下列行为之一的，给予处分：

（一）损害国家声誉和利益的；

（二）失职渎职的；

（三）利用工作之便谋取不正当利益的；

（四）挥霍、浪费国家资财的；

（五）严重违反职业道德、社会公德的；

（六）其他严重违反纪律的。

第二十九条　处分分为警告、记过、降低岗位等级或者撤职、开除。

受处分的期间为：警告，6 个月；记过，12 个月；降低岗位等级或者撤职，24 个月。

第三十条　给予工作人员处分，应当事实清楚、证据确凿、定性准确、处理恰当、程序合法、手续完备。

第三十一条　工作人员受开除以外的处分，在受处分期间没有再发生违纪行为的，处分期满后，由处分决定单位解除处分并以书面形式通知本人。

第七章　工资福利和社会保险

第三十二条　国家建立激励与约束相结合的事业单

位工资制度。

事业单位工作人员工资包括基本工资、绩效工资和津贴补贴。

事业单位工资分配应当结合不同行业事业单位特点，体现岗位职责、工作业绩、实际贡献等因素。

第三十三条 国家建立事业单位工作人员工资的正常增长机制。

事业单位工作人员的工资水平应当与国民经济发展相协调、与社会进步相适应。

第三十四条 事业单位工作人员享受国家规定的福利待遇。

事业单位执行国家规定的工时制度和休假制度。

第三十五条 事业单位及其工作人员依法参加社会保险，工作人员依法享受社会保险待遇。

第三十六条 事业单位工作人员符合国家规定退休条件的，应当退休。

第八章 人事争议处理

第三十七条 事业单位工作人员与所在单位发生人事争议的，依照《中华人民共和国劳动争议调解仲裁法》等有关规定处理。

第三十八条 事业单位工作人员对涉及本人的考核

结果、处分决定等不服的，可以按照国家有关规定申请复核、提出申诉。

第三十九条 负有事业单位聘用、考核、奖励、处分、人事争议处理等职责的人员履行职责，有下列情形之一的，应当回避：

（一）与本人有利害关系的；

（二）与本人近亲属有利害关系的；

（三）其他可能影响公正履行职责的。

第四十条 对事业单位人事管理工作中的违法违纪行为，任何单位或者个人可以向事业单位人事综合管理部门、主管部门或者监察机关投诉、举报，有关部门和机关应当及时调查处理。

第九章 法律责任

第四十一条 事业单位违反本条例规定的，由县级以上事业单位人事综合管理部门或者主管部门责令限期改正；逾期不改正的，对直接负责的主管人员和其他直接责任人员依法给予处分。

第四十二条 对事业单位工作人员的人事处理违反本条例规定给当事人造成名誉损害的，应当赔礼道歉、恢复名誉、消除影响；造成经济损失的，依法给予赔偿。

第四十三条 事业单位人事综合管理部门和主管部

门的工作人员在事业单位人事管理工作中滥用职权、玩忽职守、徇私舞弊的，依法给予处分；构成犯罪的，依法追究刑事责任。

第十章　附　　则

第四十四条　本条例自2014年7月1日起施行。

三部门负责人就《事业单位人事管理条例》答记者问

国务院总理李克强日前签署国务院令，公布《事业单位人事管理条例》。对此，国务院法制办、中央组织部、人力资源社会保障部负责人15日就《事业单位人事管理条例》的有关问题回答了记者的提问。

问：为什么要制定《事业单位人事管理条例》？

答：我国现有事业单位111万个，事业编制3153万人。近年来，事业单位人事制度改革取得较大进展，以聘用制度、岗位管理制度和公开招聘制度为主要内容的人事管理制度初步建立，但还存在一些问题：一是能进能出、能上能下的用人机制尚未真正建立；二是聘用合同的订立、履行、解除、终止，各地做法不统一；三是奖惩等激励保障机制不够健全；四是人事争议处理依据不够明确。这些问题都需要通过专门的立法加以解决，因此有必要制定出台《事业单位人事管理条例》。

问：条例对事业单位岗位设置作了哪些规定？

答：岗位管理是事业单位人事管理的重要内容。分类设置岗位有利于转换事业单位用人机制，实现对工作人员由身份管理向岗位管理转变，调动不同岗位工作人员的积极性、创造性。2006 年原人事部发布《事业单位岗位设置管理试行办法》，开始试行事业单位岗位设置管理制度。事业单位岗位分为管理岗位、专业技术岗位和工勤技能岗位三种类别。2011 年中办、国办《关于进一步深化事业单位人事制度改革的意见》规定，公益一类事业单位，在审批编制内设岗，规范人事管理，搞活内部用人机制；公益二类事业单位，在备案编制内设岗，赋予单位灵活的人事管理权。据此，条例规定事业单位按照国家有关规定设置岗位。此外，条例还规定了岗位类别、等级和设置程序等内容。

问：事业单位应当如何进行公开招聘和竞聘上岗？

答：公开招聘有利于规范事业单位招聘工作，公平公正地选择工作人员。2005 年原人事部发布《事业单位公开招聘人员暂行规定》，要求事业单位新进人员实行公开招聘。在此基础上，条例明确规定，除国家政策性安置、按照人事管理权限由上级任命、涉密岗位等人员外，事业单位新聘用工作人员，应当面向社会公开招聘。同时考虑到事业单位种类多、行业差别大，公开招聘的具体办法不宜一刀切，条例仅对公开招聘的范围和基本程序作了规定。

竞聘上岗是事业单位内部产生岗位人选、实现人员能上能下的一种竞争性选拔方式。考虑到竞聘上岗只是事业单位的用人方式之一，条例仅对需要竞聘上岗的程序作了原则规定。下一步，人力资源社会保障部、中央组织部还将制定事业单位工作人员竞聘上岗的办法，对竞聘上岗的条件、程序等内容作具体规定。

问：关于聘用合同，条例是如何规定的？

答：2002 年国办转发原人事部《关于在事业单位试行人员聘用制度的意见》，将聘用制确定为事业单位的基本用人制度。聘用合同签订率逐步提高，目前已超过 90%。

劳动合同法第九十六条规定：事业单位与实行聘用制的工作人员订立、履行、变更、解除或者终止劳动合同，法律、行政法规或者国务院另有规定的，依照其规定；未作规定的，依照本法有关规定执行。根据事业单位聘用合同的特点和实际情况，条例规定了聘用合同的期限、初次就业人员的试用期，明确了订立聘用至退休的合同的条件，列明了聘用合同解除的情形以及合同解除、终止后人事关系的终止。条例未作规定的，依照劳动合同法及其实施条例执行。

问：如果事业单位出现人事争议，应如何解决？

答：事业单位人事争议与劳动争议既有相同之处，也有不同之处。事业单位工作人员与所在单位作为平等主体发生的争议，与劳动争议性质相同，可以适用劳动争议调解仲裁法的规定。据此，条例原则规定：事业单位工作人员与所在单位发生人事争议的，依照劳动争议调解仲裁法等有关规定处理。

与劳动争议不同的是，事业单位人事争议还包括工作人员对考核结果、处分决定等不服发生的争议，这类争议不属于平等主体之间的争议，不适用调解、仲裁程序。为此，条例规定：事业单位工作人员对考核结果、处分决定等不服的，可以申请复核、提出申诉。